W0320160

Ужин — это просто

Коллекция лучших рецептов

Ужин – это просто

КНИЖНЫЙ КЛУБ СЕМЕЙНОГО ДОСУГА

Харьков Белгород
2009

ББК 36.991
У33

Никакая часть данного издания не может быть скопирована или воспроизведена в любой форме без письменного разрешения издательства

Фотографии *А. Дроздина*

Дизайнер обложки *Андрей Цепотан*

Видання для організації дозвілля

Серія
«Колекція кращих рецептів»

Вечеря — це просто
(російською мовою)

Головний редактор *С. Скляр*
Відповідальний за випуск *Н. Дорохіна*
Технічний редактор *М. Печковська*
Комп'ютерне макетування *Н. Журавльова*
Коректор *Л. Зінченко*

Підписано до друку 17.12.2008.
Формат 70x100/16. Друк офсетний.
Гарнітура «Yanus». Ум. друк. арк. 7,74.
Наклад 30 000 пр. Зам. № 8-602.

Книжковий Клуб «Клуб Сімейного Дозвілля»
Св. № ДК65 від 26.05.2000
61140, Харків-140, просп. Гагаріна, 20а
E-mail: cop@bookclub.ua

Віддруковано з готових діапозитивів
у ВАТ «Білоцерківська книжкова фабрика»
09117, м. Біла Церква, вул. Леся Курбаса, 4
впроваджена система управління якістю
згідно з міжнародним стандартом
DIN EN ISO 9001:2000

Издание для организации досуга

Серия
«Коллекция лучших рецептов»

Ужин — это просто

Главный редактор *С. Скляр*
Ответственный за выпуск *Н. Дорохина*
Технический редактор *М. Печковская*
Компьютерное макетирование *Н. Журавлева*
Корректор *Л. Зинченко*

Подписано в печать 17.12.2008.
Формат 70x100/16. Печать офсетная.
Гарнитура «Yanus». Усл. печ. л. 7,74.
Тираж 30 000 экз. Зак. № 8-602.

ООО «Книжный клуб
"Клуб семейного досуга"»
308025, г. Белгород, ул. Сумская, 168

Отпечатано с готовых диапозитивов
в ОАО «Белоцерковская книжная фабрика»
09117, г. Белая Церковь, ул. Леся Курбаса, 4
внедрена система управления качеством
согласно международному стандарту
DIN EN ISO 9001:2000

ISBN 978-966-343-842-9 (серия)
ISBN 978-966-14-0231-6 (Украина)
ISBN 978-5-9910-0200-4 (серия)
ISBN 978-5-9910-0683-5 (Россия)

© ООО «Издательство "Эксмо"», 2009
© Hemiro Ltd, издание на русском языке, 2009
© Книжный Клуб «Клуб Семейного Досуга», художественное оформление, 2009
© ООО «Книжный клуб "Клуб семейного досуга"», г. Белгород, 2009

Вступление

Из всех традиционных приемов пищи (завтрак, обед, ужин) самым праздничным является, конечно же, ужин. Если сочетание слов «праздничный» и «обед» вполне допустимо, то сочетание слов «праздничный» и «завтрак», если и встречается, то очень редко. А уж «романтический» завтрак или обед и быть не может вовсе.

Ну а о какой романтике можно говорить утром или днем! Только когда начинает темнеть, когда напряженный день постепенно растворяется в мягких вечерних сумерках, мы постепенно расслабляемся и нас начинает тянуть к чему-то чудесному, таинственному, романтическому... И ужасно хочется есть!

Обычно ужинают не позднее чем за 3—4 часа до сна. На ужин желательно готовить пищу из легко перевариваемых продуктов (яйцо, творог, овощи, рыба и др.). Но в отдельных случаях (праздники, встречи, торжества и т. д.) акцент делают на вкусовые достоинства блюд и их внешний вид.

В этой книге вы найдете различные рецепты блюд для любого ужина: салаты, закуски, блюда из рыбы, морепродуктов, мяса, птицы, грибов и десерты. По ним вы легко сможете приготовить и украсить понравившиеся вам блюда.

А в сочетании с красиво сервированным столом ваш ужин вполне может стать романтическим.

Сервировка и подача холодных закусок

Салаты

Салаты обычно подают в больших салатницах или на блюдах, с которых каждый берет салат салатной ложкой или салатным комплектом (ложка и вилка) и кладет в свою тарелку.

Чем экзотичнее салат, тем меньшую емкость им заполняют.

Салаты можно подать небольшими порциями на листе листового салата, ломтике белого хлеба, на ломтике ветчины или колбасы. Салатом можно фаршировать перец, огурец, помидор, яйцо, наполнить корзиночки. Оформленные таким образом порции помещают на большое блюдо.

Мясные закуски

Колбасу, в особенности сухую, нарезают по возможности тоньше и слегка наискось, кладут на блюдо или тарелку рядами или в виде валика. На то же блюдо можно положить и тонко нарезанную ветчину.

Вареные мясо и колбасу нарезают более толстыми ломтиками, чтобы они не рассыпались.

Со студня перед подачей снимают жир и выкладывают, перевернув, на блюдо, украсив зеленью.

Рыбные закуски

Блюда, приготовленные из сельди, подают в специальных селедочницах. Если их нет, то можно подать и на тарелке, но положив ее так, чтобы сохранялся силуэт распластанной по позвоночнику рыбы.

Рыбу подают на узких овальных блюдах. Копченого угря нарезают кусочками, обкладывают ломтиками лимона. Копченую или соленую красную рыбу разделывают и нарезают тонкими ломтиками, украшают лимоном и зеленью. Мелкая копченая рыба для праздничного стола не годится. Рыбные консервы тоже обычно не подают в торжественных случаях. Если же консервы подают, то их нужно аккуратно выложить на тарелку или блюдо, можно немного украсить зеленью.

Сыр

Сыр кладут на овальное мелкое блюдо или на мраморную дощечку целым куском, отрезав несколько тонких ломтиков. Рядом не забудьте положить нож и нож-вилку.

Морепродукты

Устрицы, приготовленные в виде паштета или на тостах, едят с помощью обычных закусочных вилки и ножа. Если же устрицы подаются в натуральном виде, то порцию (6 штук) укладывают на лед и гарнируют лимоном.

Вилка для устриц кладется с правой стороны под острым углом к ножу. К устрицам можно подать масло, тосты, серый хлеб.

Отваренный омар подается на блюде. К нему подаются рыбные столовые нож и вилка и специальная игла для омаров, которую кладут под острым углом к рыбному ножу. Кроме того, подается чаша для ополаскивания пальцев.

Овощи

Редис кладут на закусочные тарелки. Отдельно подают соль и масло.

Свежие помидоры и огурцы нарезают ломтиками и подают в овальных блюдах или тарелках. Их посыпают нарезанным луком или укропом. Небольшие огурцы можно подать целыми, их едят руками.

Помидоры можно подать на стол целыми вместе с плодоножками и чашелистиками, их берут руками. Крупные едят с помощью ножа и вилки.

Соленые огурцы режут продолговатыми дольками, подают на блюде или тарелке.

Соленые огурцы можно подавать вместе с квашеной капустой. Капусту кладут горкой на середину тарелки, вокруг укладывают разрезанные вдоль огурцы.

Соусы и приправы

Соусы подают в соусниках или мисочках. Если соусник имеет носик, соус можно наливать через него, если же нет — нужно подать маленький половник или ложку.

В бутылках и банках соусы на праздничный стол не ставят.

Соусники ставят как можно ближе к тому блюду, с которым рекомендуется употреблять соус.

Хлеб

Хлеб нарезают тонкими одинаковыми ломтиками и раскладывают на тарелки стопками или рядами, но не очень много, чтобы удобно было брать куски, не боясь разрушить сложную пирамиду. Тарелки с хлебом могут стоять на столе, если есть место. Если места нет, их помещают где-нибудь рядом — на сервировочном или приставном столике.

Хлеб берут руками, кладут на маленькую тарелочку слева и едят, отламывая небольшие кусочки.

Салфетку под хлеб на тарелку не кладут.

Сервировка и подача горячих закусок

Большинство горячих закусок подают и едят в той посуде, в которой они были приготовлены (в кокильницах, кокотницах, порционных сковородах), поэтому их ставят на пирожковые или закусочные тарелки перед гостем, так, чтобы ручка была слева от сидящего за столом.

Порционную сковороду (кроншель) ставят на закусочную тарелку, покрытую бумажной салфеткой.

На ручки кокотниц для предохранения от ожогов должны быть обязательно надеты папильотки.

К улиткам (мидиям) в запеченном и тушеном виде под соусами подают специальные щипцы и вилку. Вилка кладется справа под углом к тарелке, щипцы — слева.

Яичницу также подают в маленькой порционной сковороде без ручек, в которой она жарилась. Сковороду ставят на тарелку.

Рядом с имеющей форму раковины кокильницей, в которой подают запеченную осетрину, судака или другую рыбу и морепродукты, кладут вилку.

К кокотнице — маленькой кастрюльке с длинной ручкой, в которой запекают продукты в соусе, — подают кофейную или чайную ложку. Ручка ложки должна быть повернута вправо.

К блюдам, приготовленным на порционных сковородах, должны быть поданы закусочные нож (справа) и вилка (слева).

Сервировка и подача основных блюд

Основные блюда подают порционно или в овальных или круглых блюдах. Горячие гарниры и соусы — в металлической посуде, холодные — в фарфоровой. Отдельные блюда частично едят руками. В этом случае для ополаскивания пальцев к столу подают чаши с теплой водой, подкисленной лимонной кислотой, или на дно кладут кружочек лимона. Чашу с водой ставят справа от сидящего на уровне его тарелки.

Основное блюдо должно сочетаться с холодными закусками. При наличии разнообразных холодных закусок обычно бывает достаточно одного основного блюда. Такое блюдо может быть мясным, рыбным или овощным.

Сервировка и подача десерта

Перед подачей десерта со стола убирают все, оставляя лишь рюмки для десертного вина и бокалы для шампанского. Стол сервируют десертными тарелками и приборами.

Блюда, подаваемые порционно, в креманках или вазочках, ставят на пирожковую или десертную тарелку, десертную ложку кладут с правой стороны тарелки.

Сладкие блюда могут быть горячие и холодные. Сладкие блюда обычно подаются в стеклянной посуде.

На сладкое можно подать мороженое. Его накладывают в вазочки-креманки и сразу подают.

Фрукты на столе

Фрукты укладывают горкой в вазы и равномерно расставляют на столе. Порционно подают:

• абрикосы, персики, вишню и черешню с плодоножками — в салатнике с десертной ложкой;

• вишню и черешню без плодоножек — в стеклянной креманке с десертной или чайной ложкой;

• ананас и апельсин, очищенные от кожицы и нарезанные ломтиками, — в креманках, залитые сиропом;

• арбуз и дыню, тщательно вымытые, нарезанные сегментами, — на десертных тарелках, с фруктовым ножом и вилкой и сахарной пудрой в розетке.

Землянику, малину, ежевику подают в стеклянных салатниках или вазах, для раскладывания кладут десертную ложку. Стол сервируют десертными тарелками и ложками. Молоко или сливки подают в молочнике или сливочнике.

Подача алкогольных напитков

Алкогольные напитки подают:

• к закускам — водку, горькие настойки, наливки;

• к сельди под острым соусом, шпротам и другим острым закускам — водку, виски, джин, коньяк, крепкие коктейли;

• к заливным блюдам — водку, коньяк, крепкие коктейли;

• к паштетам — коньяк, полусухое вино, коктейли;

• к сыру — полусухие вина, столовое красное вино, коньяк.

Крепкие алкогольные напитки никогда не подаются перед едой, т. к. они притупляют вкусовые ощущения.

К рыбным горячим блюдам подают белые натуральные вина типа рислинг, кахетинское. К жирной рыбе подают более крепкое вино, например, сухой шерри.

К омарам, устрицам, морским ракушкам рекомендуется сухое игристое, белое полусухое или легкое белое столовое вино.

Винегрет из картофеля и семги

5 клубней картофеля
1 кг семги
1 селедка
3 луковицы
3 столовые ложки яблочного уксуса
1 столовая ложка горчичного соуса
молотый черный перец
оливки

1 Картофель отварить в мундире. Очистить и нарезать мелкими кубиками.

2 Семгу и селедку разделать: удалить хребет, мелкие кости, отрезать голову и плавники. Затем мелко нарезать.

3 Лук очистить, нарезать кольцами и замочить на 5 минут в яблочном уксусе. Оливки мелко нарезать.

4 Все ингредиенты, за исключением лука, тщательно перемешать. Приправить перцем. Выложить винегрет на большое блюдо, украсить его кольцами лука и полить горчичным соусом.

Картофель лучше сварить в мундире, а потом очистить, тогда он сохранит питательные вещества и меньше потеряет в объеме. Но при этом он потеряет свой цвет, поэтому если нужен белый картофель, то лучше его очистить сырым.

Салат из мяса с листьями лопуха

50 г отварного нежирного мяса
100 г листьев лопуха
1 небольшая морковь
1 головка репчатого лука
1 клубень картофеля
2 столовые ложки сметаны
1 яйцо
1 пучок зелени петрушки и укропа
соль

1 Мясо нарезать небольшими ломтиками.

2 Лук очистить, мелко нарезать. Укроп и зелень петрушки вымыть, измельчить.

3 Морковь вымыть, отварить, снять кожицу, нарезать небольшими кусочками.

4 Картофель отварить, остудить, очистить от кожицы, нарезать кубиками.

5 Яйцо сварить, очистить от скорлупы, мелко нарезать. Листья лопуха тщательно вымыть, нарезать тонкой соломкой.

6 Овощи и мясо положить в салатницу, добавить яйцо и зелень, соединить с нарезанными листьями лопуха посолить по вкусу. Залить салат сметаной, перемешать.

Винегрет из шампиньонов

18 белых грибов
1 столовая ложка растительного масла
200 г сухарей
1 лимон
70 г оливок
200 мл пива
4 столовые ложки прованского масла
100 г муки
1 чайная ложка горчицы
4 яичных желтка
4 столовые ложки сахара
1 столовая ложка 9%-ного уксуса
соль

1 Приготовить кляр: муку тщательно просеять, добавить соль и замесить жидкое тесто, влить пиво и 2 столовые ложки прованского масла.

2 Грибы промыть и отварить. Выложить на тарелку и подождать, когда с них стечет вода.

3 Растолочь сухари. Нагреть сковороду, налить в нее растительное масло и жарить грибы, предварительно опуская их в кляр и посыпая сухарями.

4 Приготовить соус: взбитые желтки, сахар, 2 столовые ложки прованского масла, горчицу развести уксусом и тщательно перемешать.

5 Остудить грибы, украсить лимонами и оливками. Залить соусом. Можно подавать на стол.

Салат из курицы, спаржевой фасоли, сельди

60 г вареного куриного мяса
20 г спаржевой фасоли
20 г корневого сельдерея
1 клубень картофеля
10 г листового салата
1 столовая ложка сметаны
1 яйцо, перец, соль

1 Картофель отварить, остудить, очистить от кожицы, нарезать кубиками.

2 Мясо курицы нарезать небольшими ломтиками.

3 Яйцо сварить, очистить от скорлупы, мелко нарезать.

4 Сельдерей очистить, вымыть, нашинковать в виде тонкой соломки.

5 Стручки спаржевой фасоли вымыть, нарезать кусочками, отварить в соленой воде, вынуть, остудить.

6 Листья салата тщательно вымыть, мелко нарезать.

7 Курицу положить в салатницу, добавить овощи и кусочки яйца, залить сметаной, посолить, перемешать.

Салат «Арлекин»

6–8 картофелин
200 г корня сельдерея
700 г ветчины
700 г маринованных грибов
100 г яблок
200 г свеклы
200 г зелени петрушки
1–2 столовые ложки майонеза

Для заправки:
1/2 чайной ложки сухой горчицы
40 мл 3%-ного уксуса
1–2 столовые ложки оливкового масла

1. Овощи и коренья отварить и мелко нарезать: картофель и свеклу — дольками, яблоки, ветчину, сельдерей и грибы — соломкой.
2. Приготовить заправку: горчицу, уксус и растительное масло взбить.
3. Залить этой смесью (вместе с майонезом) нарезанные продукты. Все перемешать и выложить на блюдо.
4. Украсить кушанье дольками картофеля, свеклы и зеленью петрушки.

Салат из говядины с черносливом

200 г отварной говядины
100 г маринованного чернослива
2 луковицы
1–2 столовые ложки майонеза

1. Говядину нарезать мелкими кубиками.
2. Добавить нашинкованный репчатый лук и нарезанный кубиками чернослив.
3. Заправить блюдо майонезом.

Салат с курицей и фруктами

300 г отварного мяса курицы
100 г огурцов
100 г яблок
50 г твердого сыра
1—2 столовые ложки майонеза
3—4 столовые ложки консервированного зеленого горошка
1 вареное яйцо
1 апельсин
зелень и соль

1 Все продукты нашинковать тонкой мелкой соломкой (яблоки предварительно очистить от кожицы и сердцевины). Смесь посыпать любым тертым сыром, что придаст ему особый вкус.

2 Украсить кушанье зеленью, ломтиками яйца и кружочками тонко нарезанного апельсина.

Салат из индейки с перцем и малиной

300 г вареного мяса птицы
200 г красного сладкого перца
3 вареных яйца
100 г малины
2 столовые ложки майонеза
соль

1 Мясо птицы нарезать мелкими кусочками. Перец очистить от семян и измельчить мелкой соломкой.

2 Яйца разрезать на 4 части.

3 Все смешать с майонезом, добавить ягоды и слегка посолить.

Азу — готовят из мякоти поясничной и спинной частей говяжьей туши. Зачищают от жира и соединительной ткани и нарезают на ломтики размером 3—4 см, весом по 10—15 г, затем тушат в остром соусе.

Салат из рыбы с цветной капустой

100 г рыбы нежирных сортов (хека, трески)
50 г цветной капусты
4 клубня картофеля
2 помидора
2 огурца
30 г зеленого горошка
1 небольшая морковь
1 столовая ложка соевого майонеза
1 пучок зелени петрушки и укропа
соль

1 Цветную капусту разделить на соцветия. Огурцы и помидоры нарезать кружками.

2 Картофель отварить и порубить на мелкие кубики.

3 Овощи и рыбу вымыть. Цветную капусту и рыбу по отдельности отварить в соленой воде, вынуть, остудить.

4 У рыбы удалить кости, филе нарезать небольшими кусочками.

5 Картофель и морковь отварить, очистить от кожицы, порубить на маленькие кубики. Укроп и зелень петрушки вымыть, мелко нарезать.

6 Рыбу и капусту положить в салатник, добавить картофель, морковь, огурцы и помидоры, горошек, посолить, залить майонезом, перемешать.

Спаржа с подрумяненными сухарями

200 г спаржи
1 столовая ложка растительного масла
ситная булка
соль

1 Спаржу вымыть, очистить, соскоблить верхние волокна, начиная с головки и до той части ствола, которая перестает ломаться.

2 Вскипятить подсоленную воду и опустить в нее спаржу, довести до полуготовности, снять кастрюлю с огня. Дать спарже дойти в кастрюле с открытой крышкой.

3 Вынуть спаржу шумовкой и дать воде стечь, затем переложить на тарелку.

4 Растительное масло налить в сковороду, довести до кипения, всыпать крошки черствой ситной булки и жарить до тех пор, пока масло полностью не впитается. Полить этим соусом спаржу и подавать на стол.

Если нет свежей спаржи, можно использовать консервированную. Опустить ее в соленый кипяток, поставить кастрюлю со спаржей на пар и разогреть, но не кипятить.

Каша с тыквой постная

1 крупная тыква
250 г пшена
350 мл миндального молока
3 кусочка сахара
1 столовая ложка растительного масла
50 г муки

1. С тыквы срезать корку. Удалить семечки, мякоть нарезать кубиками.
2. Кубики тыквы сложить в кастрюлю, добавить воды и варить до мягкости. Откинуть тыкву на дуршлаг, дать стечь воде.
3. Из пшена, молока и сахара сварить кашу.
4. Разложить кашу по порционным чашкам, полить растительным маслом. Подать с кусочками тыквы.

Баклажаны по-турецки

3 баклажана
4 помидора
3 луковицы
2 моркови
1 столовая ложка растительного масла
соль
перец

1 Баклажаны вымыть, разрезать вдоль ломтиками и каждый ломтик обжарить на растительном масле.

2 Помидоры вымыть, мелко нарезать. Лук очистить, вымыть и мелко нарубить. Морковь вымыть, очистить и натереть на крупной терке. Все соединить и обжарить на растительном масле, посолить, поперчить.

3 Каждый ломтик баклажана намазать поджаренным луком, морковью и помидорами. Сложить все в сотейник так, чтобы получился опять целый баклажан.

4 Полить баклажаны маслом, поставить в духовой шкаф и запечь. Подавать на стол, украсив зеленью.

Если баклажаны подавать в сыром виде, то от кожуры их очищать не надо. Если фаршируются, то кожуру срезать только с обоих концов и аккуратно вытащить сердцевину с семечками.

Маседуан из овощей

200 г цветной капусты
3 клубня картофеля
100 г зеленого горошка
100 г стручковой фасоли
100 г земляных груш
100 г артишоков
2 столовые ложки растительного масла
сухари
мускатный орех
перец
соль

1 Цветную капусту очистить от зеленых листьев, вымыть и разобрать на соцветия. Затем варить в подсоленной кипящей воде, а когда будет готова, облить холодной водой.

2 Выбрать самые молодые стручки фасоли, нарезать наискосок, варить в подсоленной воде и промыть холодной проточной водой, когда будет готова.

3 Земляные груши нарезать фигурками, артишоки очистить. Картофель очистить, нарезать соломкой и тушить в собственном соку.

4 Все вышеупомянутые овощи перемешать, приправить мускатным орехом, солью, перцем, засыпать сверху сухарями, добавить растительное масло и поставить в печь, чтобы блюдо подрумянилось.

5 Подавать на стол, украсив зеленью и зеленым горошком.

Самая питательная часть молодого картофеля — прямо под кожицей, поэтому не стоит чистить его ножом. Лучше потереть кожицу молодого картофеля щеткой — она отстанет сама.

Боровики в сметане

2 кг молодых боровиков
500 г сметаны
зелень
соль и перец

1 Крепкие молодые боровики промыть, очистить, поместить в кастрюлю, залить свежей сметаной, посолить.

2 Тушить, пока не станут мягкими, остудить.

3 Перед подачей на стол грибы слегка поджарить. Добавить ложку сметаны, перец по вкусу, зелень.

Омлет со щавелем

2 больших пучка щавеля
4 крупных свежих яйца
оливковое масло
20 г сливочного масла
150 г сливочного сыра типа «Маскарпоне» или «Филадельфия»
50 г твердого сыра «Пармезан»
морская соль
свежемолотый черный перец

1 Листья щавеля вымыть и порубить.

2 Взбить яйца до однородной консистенции, чтобы они слегка увеличились в объеме; посолить и поперчить.

3 Половину щавеля добавить к взбитым яйцам.

4 Разогреть 4 столовые ложки оливкового и 20 г сливочного масла в сковороде, которую затем можно будет поставить в духовку. Влить в нее смесь щавеля с яйцами и почти сразу же добавить половину сыра «Маскарпоне» или «Филадельфия». Сыр и яйца энергично перемешать деревянной ложкой прямо в сковороде.

5 Как только масса начнет уплотняться, добавить оставшийся щавель, а затем сверху распределить оставшуюся половину сливочного сыра.

6 Присыпать столовой ложкой предварительно натертого твердого сыра и сбрызнуть оливковым маслом.

7 Посолить, поперчить, поставить в разогретую до 250 °С духовку на 2—3 минуты.

8 Вынуть из духовки. Омлет должен быть хрустящим по краям и мягким в центре. Отделить деревянной лопаткой омлет от сковороды и переложить на большую подогретую тарелку. Сразу подавать на стол.

Спагетти в рыбном соусе

400 г спагетти
1 филе трески
100 г очищенных креветок
100 г кальмаров
3 помидора
2 дольки чеснока
1 сухой перец чили
оливковое масло
пучок базилика
морская соль
свежемолотый черный перец

1 Мелко изрубить чеснок, перец чили измельчить, помидоры ошпарить, снять с них кожицу и нарезать кубиками.

2 В глубокой тяжелой сковороде разогреть 2 столовые ложки оливкового масла, обжарить в нем чеснок и перец, добавить помидоры и потушить несколько минут.

3 Нарезать кальмары колечками, а креветки и рыбу — небольшими кусочками и добавить в сковороду.

4 Посолить и поперчить, добавить немного изрубленного базилика и тушить на медленном огне 5—6 минут.

5 Отварить макароны в подсоленной воде до полуготовности и выложить их в сковороду с соусом. Добавить немного воды, в которой макароны варились.

6 Довести макароны до готовности, постоянно помешивая и по необходимости добавляя воду, в которой они варились. Подавать спагетти горячими, поперчив и присыпав оставшимся базиликом.

Патиссоны жареные

патиссоны
соль

растительное масло для жарения

1 Молодые плоды нарезать ломтиками, слегка посолить и обжаривать в растительном масле до зарумянивания.

2 Подавать блюдо горячим, посыпав мелко нарезанным укропом, украсить ломтиками помидора, букетиками кудрявой петрушки.

По питательности и вкусу патиссоны превосходят кабачки и являются ценным продуктом в диетическом и лечебном питании. Они способствуют лучшему усвоению мясной пищи, выведению из организма вредных веществ, поддержанию щелочной реакции крови. Их рекомендуют включать в меню при заболеваниях сердечно-сосудистой системы и органов пищеварения.

Картофель, запеченный со сметаной

1 кг картофеля
1 луковица
2 столовые ложки сливочного масла
300 мл сметаны
100 г сыра
1 столовая ложка молотых сухарей
3 яичных желтка
соль

1 Картофель помыть, залить холодной водой, посолить, сварить до готовности, очистить.

2 Лук мелко нарезать и обжарить на масле, смешать с разварным картофелем, залить сметаной, взбитой с яичными желтками, сверху посыпать сыром, молотыми сухарями, сбрызнуть маслом, запечь.

3 Подавать на завтрак или обед к жаркому.

Запекать картофель можно не только молодой, но и уже лежалый. Только в этом случае его нужно готовить сразу после очистки от кожуры и в процессе приготовления добавить больше сметаны, чтобы избежать сухости блюда.

Рис с грибами

200 г грибов
200 г риса
1 луковица
2 столовые ложки горчичного масла
соль

1 Грибы очистить, вымыть, отварить. Сваренные грибы мелко нарезать.

2 Рис промыть в холодной воде, засыпать в кипящий процеженный грибной бульон, сварить, посолить.

3 Лук очистить, вымыть и мелко нарезать. Обжарить в горчичном масле вместе с грибами, соединить с рисом.

Грибные котлеты

600 г сушеных белых грибов
50 г муки
200 г риса
1 столовая ложка растительного масла
зелень петрушки
соль

1 Грибы помыть, нарезать кубиками и сварить. Когда сварятся — измельчить.

2 Промыть рис, положить в кастрюлю и залить водой. Помытую петрушку мелко нарубить. Добавить в кастрюлю, где варится рис, петрушку. Посолить и варить до готовности.

3 Смешать рис с грибами, приправить специями по вкусу и слепить из фарша котлеты.

4 Налить в сковороду масло, нагреть. Обсыпать мукой котлеты и обжарить. Подавать с зеленым горошком.

Рулет из омлета и шампиньонов

8 яиц
250 г шампиньонов
1 болгарский перец
4 помидора
50 г маслин
1 столовая ложка растительного масла
40 г муки
40 мл молока
зелень петрушки и укропа
листья салата
соль

1 Шампиньоны вымыть, мелко нарезать. Выложить на сковороду с разогретым растительным маслом, посолить, жарить 15 минут.

2 Болгарский перец вымыть, удалить семена, мелко нарезать. Зелень укропа вымыть, измельчить. Помидоры вымыть, нарезать кружочками. Зелень петрушки и листья салата вымыть.

3 Яйца взбить с мукой, молоком и солью, перемешать с болгарским перцем и зеленью укропа.

4 Яичную смесь вылить на сковороду с оставшимся разогретым растительным маслом.

5 Жарить под крышкой 2—3 минуты, перевернуть, жарить еще 2—3 минуты.

6 На омлет выложить грибы, свернуть рулетом.

7 Рулет выложить на тарелку на листья салата, украсить помидорами, маслинами и веточками петрушки.

Омлет можно готовить в микроволновой печи или духовке. В последнем случае его следует запекать в течение 2—3 минут при температуре 120—130 °С.

Грибы в кляре

300 г белых грибов
40 г муки
3 яйца
1 столовая ложка растительного масла
черный молотый перец на кончике ножа
1 столовая ложка воды
соль

1 Грибы промыть, очистить, нарезать средними ломтиками.

2 Яйца вымыть, отделить белок от желтка.

3 Белок смешать с водой, посолить, всыпать перец. Массу хорошо взбить, добавить муку.

4 Каждый гриб обмакнуть в приготовленную массу и обжаривать на масле на сильном огне.

Спаржа для подливок

1,5 кг спаржи средней толщины
соль

1 Спаржу очистить, обрезать слишком длинные стебельки, вымыть, связать по 4—5 штук.

2 Вскипятить подсоленную воду в просторной кастрюле, за час до подачи опустить в этот кипяток спаржу. Сварить до полуготовности, снять с огня и дать спарже дойти в открытой кастрюле.

3 Вынуть шумовкой на сито, снять нитки. Когда вода стечет, переложить на блюдо.

Фаршированный картофель

10 крупных клубней картофеля
2 столовые ложки сливочного масла
100 г густых сливок
3 куска сахара
соль

1 Очистить картофель от кожицы. Тщательно вымыть. Посолить. Испечь в духовом шкафу до полуготовности.

2 Надрезать у клубня верхушку. Вынуть внутренность. Половину смешать со сливочным маслом, со сливками, с сахаром. Нафаршировать картофель. Закрыть верхушкой. Сложить в сковороду или в сотейник, поставить в духовку на 10 минут.

3 Подавать на стол, украсив рубленой зеленью петрушки и укропа.

Оладьи из картофеля

5 крупных клубней картофеля
2 яйца
200 г муки
растительное масло
соль

1 Картофель помыть под струей проточной воды. Очистить от кожуры и еще раз помыть.

2 Натереть картофель на крупной терке, смешать с яйцами и, мешая, постепенно всыпать муку до тех пор, пока тесто не получится густое, как на оладьи.

3 Раскалить на плите сковороду, налить масло и ложкой выложить на нее тесто. Поджарить с обеих сторон.

Драники из картофеля

4—5 клубней картофеля
1 яйцо
100 г муки
4 столовые ложки растительного масла
соль

1 Картофель вымыть и очистить от кожуры.

2 Очищенный картофель натереть на крупной терке.

3 Добавить в картофель яйцо. Все хорошо перемешать.

4 В полученную смесь добавить муку, соль. Все еще раз перемешать.

5 На разогретую сковороду с растительным маслом выложить при помощи столовой ложки небольшие лепешки, слегка примяв их сверху.

6 Обжарить драники с двух сторон до появления румяной корочки.

Люля-кебаб

500 г говядины или баранины
2 луковицы
4 клубня картофеля
2 столовые ложки растительного масла
1 яйцо
50 мл столового уксуса
3 дольки чеснока
перец
соль

1 Мясо тщательно промыть и нарезать небольшими кусками. Затем пропустить мясо через мясорубку.

2 Картофель вымыть, очистить от кожуры, пропустить через мясорубку и добавить к мясному фаршу.

3 Лук и чеснок вымыть, очистить и нарезать мелкими кубиками. Фарш смешать с луком и чесноком, а затем добавить яйцо.

4 Фарш хорошо отбить, сформовать котлеты и обжарить на растительном масле.

5 Лук нарезать кольцами и замариновать в разведенном в воде уксусе. Непосредственно перед подачей на стол котлеты посыпать маринованным луком.

Мясо можно не пропускать через мясорубку, а тонко нарезать пластами, отбить молоточком для мяса и завернуть трубочкой для обжарки.

Равиоли, запеченные с овощами

30 равиолей
1 цукини
2 болгарских перца
2 моркови
100 г сыра
50 г сливочного масла
50 мл мясного бульона
молотый перец
соль

1 Цукини вымыть, очистить, нарезать кубиками. Морковь вымыть, очистить, нарезать полукружиями.

2 Болгарский перец вымыть, удалить семена, нарезать небольшими ломтиками. Сыр нарезать кубиками.

3 Овощи и сыр перемешать, посолить.

4 Равиоли выложить на смазанный сливочным маслом противень, сверху выложить приготовленную смесь.

5 Влить бульон, поставить в разогретую до 180 °С духовку на 10 минут.

6 Равиоли и овощи выложить на тарелку, поперчить.

При подаче к столу блюдо можно полить кетчупом или соусом, приготовленным из смеси майонеза, сметаны и томатной пасты.

Голубцы с грибами

100 г свежих грибов
100 г белокочанной капусты
2 луковицы
1 пучок зелени петрушки и укропа
2 столовые ложки растительного масла
1 яйцо
молотый черный перец
соль

1 Капусту опустить в кастрюлю с кипятком, посолить, довести до кипения и варить 8 минут. Воду слить, капусту разобрать на отдельные листья.

2 Лук мелко нарезать.

3 Яйцо сварить, очистить, мелко нарубить. Зелень мелко нарезать.

4 Грибы очистить, вымыть, выдержать 5 минут в соленом кипятке, воду спить. Грибы нарезать.

5 Для фарша лук спассеровать на масле, добавить грибы, жарить 20 минут на слабом огне, добавить подготовленные яйца и зелень, соль, посыпать перцем, перемешать.

6 На капустные листья выложить фарш, свернуть, положить на сковороду с маслом, слегка обжарить с двух сторон.

Мясо с грибным фаршем

150 г говядины (вырезки)
40 г свежих грибов
1 луковица
2 столовые ложки растительного масла
1 пучок зелени петрушки
молотый черный перец
соль

1 Грибы нарезать тонкими пластинками, поджарить на сливочном масле, лук очистить от шелухи, мелко нарезать, добавить к грибам.

2 Мясо вымыть, нарезать поперек волокон кусками толщиной 1—1,5 см, отбить, посолить, посыпать перцем.

3 На мясо положить грибной фарш, свернуть рулетиком. На сковороде разогреть масло, обжарить рулетики, добавить воды и тушить до готовности.

4 Подавать к столу, украсив петрушкой. В качестве гарнира использовать тушеные овощи.

Рулет из фарша

150 г говядины
1 луковица
1 морковь
40 г белокочанной капусты
10 г зеленого лука
1 столовая ложка растительного масла
1 яйцо
1 пучок зелени петрушки и укропа
молотый черный перец
мясной бульон
соль

1 Морковь натереть на терке. Петрушку и лук мелко нарезать, смешать с морковью, добавить масла.

2 Мясо, лук и капусту пропустить через мясорубку, добавить яйцо, посолить и поперчить по вкусу, перемешать.

3 Выложить фарш в виде прямоугольника, разровнять ножом, на среднюю часть поместить морковь с зеленью, свернуть рулетом.

4 Лук очистить от шелухи.

5 С моркови снять кожицу. Овощи и зелень вымыть.

6 Переложить рулет на смазанный маслом противень швом вниз, запекать в духовом шкафу в течение 40 минут, поливая бульоном.

Котлеты мясные с крапивой

150 г говядины
100 г нежирного творога
100 г крапивы
1 луковица
1 столовая ложка молотых сухарей
2 столовые ложки растительного масла
1 яйцо
овощной бульон
молотый черный перец
соль

1 Лук очистить от шелухи, вымыть. Творог, говядину и лук пропустить через мясорубку и тщательно перемешать.

2 К фаршу добавить крапиву, ввести яйцо, посолить по вкусу, посыпать перцем, тщательно перемешать.

3 Из массы сформовать котлеты, обвалять в молотых сухарях, положить на сковороду.

4 Крапиву вымыть, залить водой, довести до кипения и варить 2 минуты, процедить, протереть через сито.

5 Жарить на растительном масле с двух сторон до образования румяной корочки, влив небольшое количество бульона.

6 Тушить до готовности на медленном огне под крышкой.

Картофельная запеканка

6—7 клубней картофеля
3 столовые ложки обезжиренного молока
2 чайные ложки растительного масла
5 г сыра
1 яйцо
1 пучок зелени петрушки и укропа
соль

1 Картофель очистить, вымыть, положить в кастрюлю, добавить соль, отварить до готовности.

2 Слить воду, охладить картофель, нарезать кубиками толщиной 8—10 мм.

3 Сыр натереть на терке. Яйцо соединить с молоком.

4 Форму для выпечки смазать маслом. Разложить кружочки картофеля слоями, каждый слой посыпать сыром, залить молочной смесью. Запекать картофель в горячем духовом шкафу в течение 30 минут. Укроп и зелень петрушки вымыть, мелко нарезать.

5 Подавать к столу в горячем виде, посыпав нарезанной петрушкой и укропом.

Котлеты из салаки

500 г мелкой свежей салаки
1 луковица
100 г молотых сухарей
мука
2 яйца
молотый перец и соль
жир для жарки

1 Салаку выпотрошить, промыть и отрезать головы. Рыбу вместе с костями, луковицей и белыми сухарями дважды пропустить через мясорубку. Добавить в массу соль, перец, яйца и хорошо перемешать.

2 Сформовать из этой массы котлеты, запанировать их в муке, положить на сковороду в растопленный жир (или растительное масло) и жарить с обеих сторон до образования коричневой корочки.

3 Подавать с отварным картофелем, по желанию — с луковым, сметанным или томатным соусом.

Креветки с капустой

1 кг белокочанной капусты
400 г креветок
40 г свиного топленого жира
1 столовая ложка десертного вина
соль

1 Промыть и очистить капусту, разделить пополам и нарезать квадратиками размером 1x1 см.

2 Креветки разморозить, промыть, очистить и обсушить на полотенце. Чтобы легче было удалить хитиновый покров, можно опустить креветки в сетке в перекаленный фритюр на 2 минуты.

3 Растопить свиной жир и опустить в него сначала креветки, а затем капусту и обжарить на сильном огне. Когда капуста потемнеет и станет мягкой, посолить, добавить крепкое десертное вино.

4 Подавать блюдо горячим.

Мидии с белым вином

2 кг мидий
200 мл белого сухого вина
50 г сливочного масла
1 луковица
зелень петрушки
молотый черный перец

1 Тщательно, несколько раз меняя воду, вымыть мидии щеткой (если необходимо, поскоблить ножом), положить их в кастрюлю, добавить нарезанные луковицу и петрушку, немного молотого перца, половину сливочного масла и влить вино. Поставить кастрюлю на огонь.

2 Когда мидии начнут открываться, встряхнуть кастрюлю 1—2 раза, чтобы они открывались одновременно. Не держать на огне долго, иначе содержимое раковин съежится и есть будет нечего.

3 Выложить мидии на блюдо, а бульон уварить наполовину. Добавить оставшееся сливочное масло, полить мидии бульоном и подавать на стол.

При варке мидии увеличиваются в весе в 2,5 раза, т. е. из 1 кг сухих моллюсков получается 2,5 кг готовых.

Морская рыба, запеченная в соли

3 морских окуня или дорады
2 кг соли

1 Высыпать на противень 1 кг крупной соли. На нее выложить вымытые и выпотрошенные тушки. Сверху высыпать оставшуюся соль так, чтобы они оказались в панцире. Запечь рыбу в разогретой до 200 °C духовке в течение 40 минут.

2 Затем очистить рыбу от соли, снять кожу и аккуратно удалить кости (от хребта).

3 Подавать с гарниром из отварного картофеля и салатом из свежих овощей.

Мидии, жаренные с чесноком

200 г очищенных мидий
3 дольки чеснока
3 столовые ложки оливкового масла для жарения
зелень петрушки
листья эндивия

1 Опустить мидии в горячую воду и варить не более 3 минут, затем откинуть на сито и дать воде стечь.

2 Положить мидии на сковороду в разогретое масло, посыпать измельченным чесноком и, встряхивая сковороду, обжарить не более 1—2 минут.

3 Подавать мидии с пивом или белым вином, украсить зеленью.

Мидии — хороший источник железа и витамина B_{12}. Несмотря на высокую жирность, мидии богаты полезными жирными кислотами.

Тушеные яблоки к жареной рыбе

10 несладких яблок
2 столовые ложки сахара
4 столовые ложки воды
2 столовые ложки соуса из-под рыбы
50 мл вина, корица

1 Яблоки очистить от кожицы, разрезать каждое на 4 части, удалить сердцевину.

2 Сложить яблоки в кастрюлю, добавить сахар, воду, немного толченой корицы.

3 Тушить под крышкой до мягкости, прибавить соус из-под рыбы и рюмку вина. Можно употреблять для этого рецепта и сушеные яблоки.

Зеленая тушеная фасоль

500 г зеленой фасоли
200 г масла
1 столовая ложка сахара

1 Молодые зеленые стручки фасоли очистить, помыть и нарезать, Опустить в холодную воду.

2 В кастрюлю налить воды, довести до кипения. Постепенно опустить в кипяток фасоль, прокипятить и сразу же откинуть на дуршлаг. Промыть холодной водой. Когда вода стечет, переложить фасоль в керамическую жаропрочную посуду, положить масло и поставить в духовой шкаф на 30 минут.

3 Посолить, добавить сахар, тщательно, но очень аккуратно размешать и поставить в духовой шкаф еще на 5—10 минут, чтобы потомилась.

4 Подавать с говядиной, котлетами, булками и пирожками. Особенно хороша с мясными блюдами.

Леках (бисквит)

8 яиц
300 г сахара
80 мл воды
1/4 чайной ложки ванилина
240 г муки
1/4 столовой ложки соли
1/2 чайной ложки соды
25 г жира
10 г лимонной кислоты
1 чайная ложка тертой лимонной цедры

1 Отделить яичные белки от желтков. Частями добавляя половину сахара, растереть желтки деревянной ложкой. Продолжать растирать, добавляя воду, цедру и ванилин.

2 Отдельно хорошо взбить белки. Постепенно всыпать в желтки просеянную муку, добавить соль, соду, лимонную кислоту и хорошо перемешать. Осторожно помешивая, ввести белки.

3 Смазать жиром форму и посыпать ее мукой. Вылить тесто, поставить форму в предварительно нагретую (до 180 °C) духовку и выпекать 45 минут.

4 Леках готов, если спичка выходит из него сухой и чистой.

Маковый торт

5 яиц
150 г молотых грецких орехов
150 г сливочного масла
80 мл абрикосового сиропа (можно от варенья)
150 г сахарной пудры
150 г мака
цедра 1/2лимона
80 г тертого горького шоколада

1 Взбить масло до образования пены с 1/3 сахарной пудры, соединить с яичными желтками и хорошо размешать. Добавить орехи, мак и тертую лимонную цедру.

2 Из оставшейся сахарной пудры и яичных белков сбить крутую пену, осторожно смешать ее с полученной массой и вылить в смазанную маслом и посыпанную мукой форму для выпечки торта. Поставить в духовку и примерно в течение 1 часа выпекать на медленном огне.

3 Выложить бисквит из формы и, остывшим, разрезать на 3—4 слоя. Намазать их абрикосовым вареньем, сложить друг на друга и украсить шоколадом.

Ореховый торт

450 г молотых грецких орехов
300 г сахара
10 яиц
1 лимон
80 г крекерных крошек
Для крема:
200 г жирной сметаны
80 г сахара

1 Желтки соединить с половиной общего количества сахара, взбить до густоты и ввести орехи. Белки взбить в крутую пену, всыпать оставшийся сахар и ввести желтки. Затем добавить лимонный сок, крекерную крошку, тщательно перемешать и разделить массу на 3 равные части.

2 Выпекать каждый корж в течение 25—30 минут (при температуре 175 °C).

3 Приготовить крем: взбить сметану с сахаром.

4 Промазать кремом коржи. Сверху посыпать торт орехами.

Творожный торт по-немецки

Для теста:
250 г муки
150 г холодного сливочного масла
80 г сахара
2 яичных желтка
Для начинки:
750 г жирного мягкого творога
2—3 яйца
2 пакетика ванильного пудинга
500 мл молока
70 г сахара
цедра 1 лимона
по 50 г изюма и рубленого миндаля
Для глазури:
2 яйца
50 мл сливок
(или 50 г жирной сметаны)
60 г сахара

1 **Приготовление теста:** просеять муку, высыпать горкой, сделать в ней углубление, в него вбить желтки, добавить сахар и сливочное масло (кусочками). Начиная с середины замесить тесто (быстро!), завернуть его в пленку и поставить на 30 минут в холодильник.

2 **Приготовление начинки:** сварить по описанию 1 пакетик пудинга (1 пакетик на 500 мл молока), остудить, взбить яйца с сахаром, добавить творог, 1 пакетик порошка для пудинга, 4 столовые ложки готового пудинга, цедру лимона, изюм и миндаль. Тесто раскатать и выложить им смазанную форму, наколоть вилкой. Выложить творожную массу.

3 **Приготовление глазури:** смешать 2 желтка со сливками (или сметаной), добавить 2 столовые ложки готового пудинга. Белки взбить в крепкую пену, понемногу добавить сахар и снова взбить. Ввести белки в желтковую массу и выложить на творог.

4 Выпекать торт 45—60 минут. Остужать в теплой духовке, чтобы он не опал.

Оладьи

600 г муки
500 мл молока
10 г сухих дрожжей
4 яйца
1 столовая ложка сливочного масла
растительное масло, соль

1 За 2 часа до выпекания приготовить опару. В кастрюлю влить 300 мл теплого молока. Добавить разведенные дрожжи. Всыпать 300 г муки. Вымесить тесто. Поставить в теплое место подниматься.

2 В опару добавить желтки, масло, сахар. Постепенно всыпать оставшуюся муку. Влить оставшееся молоко. Поставить в теплое место и дать подняться. Тесту можно давать подниматься до 3 раз.
В последний раз добавляют 4 взбитых белка. Посолить по вкусу.

3 После того как тесто поднялось, не размешивая, ложкой выкладывать на разогретую сковороду с маслом. На стол подавать с сахаром, сметаной, вареньем, растопленным медом.

Колечки с корицей

50 г сливочного масла
5 вареных яиц
1 свежее яйцо
150 г муки
150 г сахара
1 чайная ложка корицы

1 Сварить яйца, охладить, очистить от скорлупы и отделить желток от белка. Желтки растереть с сахаром, мукой, сливочным маслом, свежим яйцом и корицей.

2 Замешивать получившееся тесто руками 15—20 минут. Сделать из него колечки, обвалять их в корице и сахаре.

3 Противень для выпечки посыпать мукой и выложить на него колечки. Поставить в духовой шкаф на самый легкий жар.

Коржики

50 мл рома
10 яиц
2 столовые ложки густых сливок
1 чайная ложка сахара
100 г муки
корица

1 Взбить по отдельности добела белки и желтки, затем смешать.

2 Постепенно влить ром, добавить сливки, сахар, муку. Размешать все вместе. Замесить довольно крутое тесто, раскатать толщиной 1 см, вырезать стаканом круглые лепешки.

3 Смазать маслом,, посыпать сахаром, смешанным с корицей, выложить на лист и поставить в духовой шкаф, чтобы подрумянились и слегка подсохли. Подаются к кофе, к чаю, хороши также для дороги.

Оладьи пресные творожные

2 яйца
500 г творога
100 г муки
200 г сметаны
4 столовые ложки растительного масла
100 г сливочного масла
по вкусу варенье или мясной паштет
сода на кончике ножа

1 Смешать творог, яйца, муку и сметану в миске и размешать с помощью вилки, разминая комочки.

2 Добавить в миску 2 столовые ложки растительного масла, размешать так, чтобы на поверхности теста не было видно масла.

3 Поставить на огонь сковороду и смазать 2 столовыми ложками растительного масла. С помощью ложки выкладывать на сковороду оладьи, разравнивая их и придавая им круглую форму.

4 Смазать готовые оладьи сливочным маслом и, по желанию, намазать вареньем или паштетом.

Оладьи пресные рисовые

200 г риса
1 литр молока
100 г сливочного масла
3 столовые ложки муки
2 яйца
4 столовые ложки сахара
3 столовые ложки растительного масла
варенье

1 Промыть рис и засыпать в кастрюлю. Залить молоком и поставить на несильный огонь. При отваривании помешивать и следить за тем, чтобы молоко не пригорало к стенкам кастрюли.

2 Отваренный в молоке рис выложить в миску и добавить муку и яйца. Тщательно размешать, всыпать сахар и еще раз перемешать.

3 Поставить на огонь сковороду и раскалить ее. Смазать маслом и с помощью ложки выкладывать оладьи, формуя их в круглые лепешки.

4 Поджарить оладьи с двух сторон, готовые оладьи смазать сливочным маслом. Подать с любым вареньем.

Блинчики обыкновенные

750 мл молока
400 г муки
2 яйца
100 г сливочного масла
сахар, соль

1 Растереть 2 желтка с 0,5 чайной ложки соли, таким же количеством сахара и масла. Постепенно добавлять молоко.

2 Медленно влить полученную массу в муку, постоянно помешивая. Мешать, пока масса не станет однородной. Можно процедить. Влить взбитые белки. Все тщательно размешать. Тесто должно получиться жидким.

3 Сковороду смазать маслом. Налить немного теста. Обжаривать с одной стороны.

4 Готовый блин помазать с одной стороны маслом. При желании посыпать сахаром. Можно добавить начинку и закатать треугольником. Можно подавать со сметаной.

Скороспелые гурьевские блины

800 г пшеничной муки
8 яиц
100 г сливочного масла
кислое молоко

1 В кастрюлю всыпать муку, добавить 8 желтков и масло. Все перемешать. Добавить, продолжая мешать, столько кислого молока, чтобы тесто по густоте напоминало сметану.

2 Белки взбить в крепкую пену. Влить в тесто. Тщательно перемешать, чтобы не было комочков.

3 Сковороду смазать маслом. Прогреть. Осторожно, чтобы тесто не опало, брать его ложкой или половником, вливать на сковороду. Обжарить блин с двух сторон. Выложить на тарелку.

Пирог со свежей капустой

Для теста:
850 г муки
8 г сухих дрожжей
2 столовые ложки растительного масла
оливковое масло для смазки

Для начинки:
1 кочан капусты
1 луковица
1 пучок укропа соль и перец

1 Замесить тесто из просеянной муки и дрожжей, разведенных в 1,5 стакана теплой воды, взбить и поставить в теплое место. Подождать, пока оно поднимется.

2 Когда тесто поднимется, добавить соль,

3 столовые ложки растительного масла и вымесить. После чего снова поставить тесто подниматься. Приготовить капустную начинку. Капусту очистить и нашинковать. Лук мелко нарезать.

4 В сковороду налить растительное масло и обжарить капусту с луком, добавить соль, специи, зелень, готовую начинку остудить.

5 Тесто разделить пополам. Одну часть раскатать и выложить на противень. На тесто выложить начинку, равномерно распределив ее, и закрыть другой частью теста. Верх пирога смазать оливковым маслом. Выпекать в духовом шкафу до готовности.

Вынув пирог из духового шкафа, никогда не следует накрывать его полотенцем. От этого корочка становится мягкой и невкусной, лучше оставить пирог в духовом шкафу до подачи на стол, но обязательно открыть дверцу.

Фруктовый мусс

30 г клюквы (или других свежих ягод с кислым вкусом)
40 мл воды
10 г манной крупы
1 чайная ложка фруктозы

1 Ягоды перебрать, вымыть, обсушить, протереть через сито, залить водой, довести до кипения, процедить, подсластить фруктозой по вкусу.

2 В жидкость, помешивая, всыпать струйкой манную крупу. Смесь нагревать на слабом огне до набухания.

3 Массу охладить и взбить до увеличения объема в 3 раза, выложить в креманки, подавать к столу.

Абрикосы с творожной начинкой

4 абрикоса
70 г творога
100 г сливок
1 столовая ложка сахарного песка
1/3 стакана ядер грецких орехов
100 г красной смородины

1 Ядра грецких орехов измельчить. Творог пропустить через мясорубку, а затем перетереть со сливками и сахарным песком.

2 Абрикосы тщательно вымыть и просушить на бумажном полотенце. Разделить абрикосы на две половинки и аккуратно удалить из них косточки. Подготовленную творожную массу смешать с измельченными орехами.

3 Половинки абрикосов нафаршировать сладкой творожной начинкой, укладывая ее горкой. Готовые абрикосы красиво уложить на большое плоское блюдо. Красную смородину вымыть, удалить веточки.

4 Перед подачей посыпать смородиной нафаршированные половинки абрикосов.

Грецкие орехи для тортов и выпечки приобретут приятный вкус, если их перед приготовлением слегка прокалить.

Десерт из груш с орехами

4 крупные груши
10—12 грецких орехов
1 соленый огурец
60 мл кефира (или 60 г сметаны)

1 Каждую грушу разрезать на 2 части и вынуть сердцевину. Грецкие орехи почистить, освободить от пленки, для чего на 10—15 минут опустить ядра в кипяток.

2 В каждую половинку груши положить ядра орехов, полить кефиром или сметаной, посыпать мелко нарубленными солеными огурцами.

3 Подавать к столу в глубоком салатнике.

Десерт из айвы

500—600 г айвы
по 90 г сливочного масла и меда
Для начинки:
90 г очищенного миндаля
50 г кишмиша
Для крема:
40 г сгущенного молока с сахаром
50 г сливочного масла

1 Айву очистить от кожицы и вынуть сердцевину. Сливочное масло и мед взбить в крутую пену и положить эту массу внутрь фруктов. Затем варить айву на пару в течение 35—40 минут.

2 Охладить фрукты и положить начинку, приготовленную из распаренного кишмиша и ядер ореха.

3 Из сливочного масла и сгущенного молока приготовить крем, которым перед подачей на стол полить охлажденную айву.

Гренки фруктовые с пряностями

10 ломтиков белого хлеба с отрубями
5 яиц
90 г сахара
750 мл молока
по 1 щепотке молотой гвоздики и кардамона
1 чайная ложка молотой корицы
1 банан
2 киви
1 персик
1 груша
1 столовая ложка нарезанных листиков мяты
120 мл апельсинового сока
100 г сливочного масла
сахарная пудра для украшения

1 Яйца смешать с сахаром и молоком, добавить специи и вылить смесь в неглубокую кастрюлю с антипригарным покрытием. Замочить в ней кусочки хлеба на 30 сек. Обжарить хлеб в масле.

2 В отдельной посуде смешать очищенные и нарезанные фрукты, заправленные соком и мятой.

3 Подавать салат на кусочках хлеба, присыпав сахарной пудрой.

Груши в сиропе

6 маленьких груш
180 г сахара
1 чайная ложка корицы
250 мл воды
150 мл красного сухого вина

1 Мелкие фрукты очистить от кожицы и, не разрезая, положить в кастрюлю. Посыпать груши сахаром, корицей, залить водой и варить при слабом кипении 15 минут. Затем добавить красное вино и варить еще 5 минут.

2 После этого фрукты вынуть из сиропа и уложить в вазочки.

3 Сироп, при необходимости, еще загустить сахаром и залить им груши.

Фруктовое лакомство с йогуртом

1 персик
2 киви
1 яблоко
1 апельсин
400 мл ванильного йогурта

1 Персик вымыть, разрезать пополам, вынуть косточку, нарезать ровными кубиками и выложить в большой бокал.

2 Киви вымыть, очистить от кожуры, нарезать ровными кубиками и тоже выложить в стакан поверх персика.

3 Апельсин вымыть, очистить от кожуры, нарезать кубиками и выложить в стакан поверх киви.

4 Яблоки вымыть, удалить сердцевину, нарезать кубиками и выложить в стакан поверх апельсина.

5 Полученные фруктовые слои залить слегка охлажденным ванильным йогуртом.

Этот рецепт десерта является низкокалорийным, и его стоит использовать всем тем, кто соблюдает диету.

Творожный крем с ягодами

100 г нежирного творога
100 г свежих ягод (клубники, черники, малины, черной или красной смородины, клюквы)
1 столовая ложка обезжиренной сметаны
1 столовая ложка фруктозы

1 Приготовить ягодное пюре.

2 Творог протереть через сито, соединить с ягодным пюре и сметаной, взбить, добавить фруктозу по вкусу.

3 Выложить массу в креманки, подать к столу.

Пряный яблочный сок

2 л яблочного сока
7 гвоздичек
1 палочка корицы
1/4 чайной ложки мускатного ореха
2 яблока

1 В кастрюлю вылить яблочный сок, добавить гвоздику, корицу, мускатный орех и поставить на огонь. Довести до кипения, но не кипятить.

2 Процедить, добавить тонко нарезанные яблоки и дать настояться около часа.

Корица используется при консервировании грибов, мариновании брусники, клюквы. Корица хорошо сочетается с бараниной и свининой.

Американский домашний лимонад

300 мл малинового сиропа
500 мл ананасового компота
по 750 мл лимонного и апельсинового сока
1,5 л газированной воды
300 г лимонов, нарезанных ломтиками
лед

1 В большую емкость налить сироп, компот и соки. Добавить ломтики лимона и настоять в течение 1,5—2 часов.

2 Положить в высокие стаканы лед, влить лимонад и осторожно добавить газированную воду так, чтобы она не смешалась с окрашенной частью напитка.

Апельсиновый йогурт

500 мл питьевого йогурта (без добавок)
300 мл молока
сок 2 апельсинов
1 апельсин
мед (или сахар) по вкусу

1 Йогурт смешать с молоком, добавить апельсиновый сок и сахар (или мед).

2 Напиток перелить в стаканы и оформить ломтиками апельсина и декоративным зонтиком.

Апельсиновый горячий шоколад

500 мл молока
120 г мелко измельченного горького шоколада
3 полоски апельсиновой цедры длиной 4 см
1/2 чайной ложки порошка эспрессо (или растворимого кофе)
1,5 чайной ложки молотого мускатного ореха

1 Соединить все ингредиенты в кастрюле с тяжелым дном и перемешивать на огне, пока шоколад не растает.

2 Увеличить огонь и довести массу почти до кипения, постоянно помешивая, затем снять с огня и взбивать до появления пены. Вернуть смесь на огонь и снова довести почти до кипения.

3 Еще раз снять и взбить.

4 Извлечь апельсиновую цедру и разлить по кружкам.

Глинтвейн чайный

500 мл крепкого чая
по 150 мл вишневого и яблочного сока
50 г сахара
4 см палочки корицы
2—3 гвоздички

1 Все ингредиенты перемешать, прогреть на слабом огне 10 минут, не доводя до кипения, затем процедить и разлить по чашкам.

2 Подавать напиток горячим.

Гоголь-моголь

1 яичный желток
40 г меда
80 мл молока

1 На Западе этот напиток называют «эг-ног» (незаменимое средство при болях в горле).

2 Взбить миксером желток и мед, затем постепенно ввести горячее молоко и тщательно перемешать.

Глинтвейн

500 мл сухого красного вина
75 г сахара
1 палочка корицы
150 мл бренди (коньяка или рома)
1 лимон
12 бутончиков гвоздики

1 Лимон тщательно вымыть, вытереть насухо и воткнуть в него гвоздику. Положить цитрус в большую емкость с вином, сахаром и наломанной палочкой корицы. Нагревать 6—7 минут на среднем огне.

2 Добавить бренди и дать постоять 5 минут. Нагревать еще 3—5 минут, но не доводить до кипения. Вынуть лимон и корицу и подавать горячим.

3 Вместо лимона можно использовать апельсин или грейпфрут. Можно приготовить белый глинтвейн, заменив красное вино, соответственно, белым.

Сравнительная таблица объемной массы (веса) некоторых продуктов (в граммах)

Наименование продукта	Стакан тонкий (250 см³)	Стакан граненый (200 см³)	Столовая ложка	Чайная ложка	1 штука
Вода	250	200	18	5	—
Желатин в порошке	—	—	15	5	—
листик	2	5	—	—	—
Капуста свежая средняя	—	—	—	—	1500
Картофель средний	—	—	—	—	100
Кислота лимонная кристаллическая	—	—	25	8	—
Корица молотая	—	—	20	8	—
Крупа «Геркулес»	90	—	12	—	—
гречневая	210	165	25	—	—
манная	200	—	25	—	—
перловая	230	—	25	—	—
Кукурузная мука	160	130	30	10	—
Лук средний	—	—	—	—	75
Маргарин растопленный	230	180	15	4	—
Масло животное растопленное	240	185	17	5	—
Масло растительное	240	190	17	5	—
Миндаль (ядро)	160	130	30	—	—
Молоко сгущенное	—	—	30	12	—
сухое	120	100	20	5	—
цельное	255	204	18	—	—
Морковь средняя	—	—	—	—	75
Мука картофельная	180	150	30	10	—
пшеничная	160	130	30	10	—
Огурец средний	—	—	—	—	100
Орех фундук (ядро)	170	130	30	—	—
Перец молотый	—	—	—	5	—
Петрушка	—	—	—	—	50
Помидор средний	—	—	—	—	100
Пшено	220	—	25	—	—
Рис	240	180	30	10	—
Сахар пиленый	200 (22 шт.)	140 (16 шт.)	—	—	9
Сахарный песок	230	170	25	10	—
Сахарная пудра	180	140	25	10	—
Сливки	250	200	14	5	—
Свекла	—	—	—	—	50
Сметана	250	210	25	10	—
Сода питьевая	—	—	28	12	—
Соль	—	—	30	10	—
Сухари молотые	125	100	15	5	—
Томат-пюре	220	—	25	5	—
Уксус	—	—	15	5	—
Фасоль	220	—	—	—	—
Хлопья кукурузные	50	40	17	2	—
овсяные	100	80	14	4	—
Чечевица	210	—	—	—	—

Содержание

Издательство Книжный Клуб «Клуб Семейного Досуга»
www.trade.bookclub.ua

ОПТОВАЯ ТОРГОВЛЯ КНИГАМИ ИЗДАТЕЛЬСТВА

МОСКВА

Бертельсманн Медиа Москау АО
141008, Московская обл., г. Мытищи,
ул. Колпакова, 26, к. 2
тел: (495) 993-01-29, (498) 720-56-34,
(498) 720-56-35
e-mail: *commerce@bmm.ru*
www.bmm.ru

ХАРЬКОВ

ДП с иностранными инвестициями «Книжный Клуб "Клуб Семейного Досуга"»
61140, г. Харьков-140, пр. Гагарина, 20-А
тел/факс +38 (057) 703-44-57
e-mail: *trade@bookclub.ua*
www. trade.bookclub.ua

КИЕВ

ЧП «Букс Медиа Тойс»
04073, г. Киев, ул. Сырецкая, 31, оф. 13
тел. +38 (044) 432-77-96, +38 (067) 572-63-34,
+38 (067) 572-63-35
e-mail: *booksmt@rambler.ru*
www.bookpresent.com.ua

ЛЬВОВ

ООО «Книжкові джерела»
79035, г. Львов, ул. Бузковая, 2
тел. +38 (032) 245-00-25
e-mail: *Knigi@lviv.farlep.net*

ДОНЕЦК

ООО «ИКЦ "Кредо"»
83096, г. Донецк, ул. Куйбышева, 131
тел. +38 (062) 345-63-08, +38 (062) 348-37-92,
+38 (062) 348-37-86
e-mail: *fenix@kredo.net.ua*
www. kredo. net. ua

Книжный Клуб «Клуб Семейного Досуга»

УКРАИНА

служба работы с клиентами:
тел. +38 (057) 783-88-88
e-mail: *support@bookclub.ua*
Интернет-магазин: *www.bookclub.ua*
«Книжный клуб», а/я 84, Харьков, 61001

РОССИЯ

служба работы с клиентами:
тел. +7 (4722) 36-25-25
e-mail: *order@flc-bookclub.ru*
Интернет-магазин: *www.ksdbook.ru*
«Книжный клуб», а/я 4, Белгород, 308037

У33 **Ужин** — это просто [Текст]. — Харьков : Книжный Клуб «Клуб Семейного Досуга» ; Белгород : ООО «Книжный клуб "Клуб семейного досуга"», 2009. — 96 с. : ил. — (Серия «Коллекция лучших рецептов»).

ISBN 978-966-343-842-9 (серия).
ISBN 978-966-14-0231-6 (Украина).
ISBN 978-5-9910-0200-4 (серия).
ISBN 978-5-9910-0683-5 (Россия).

В этой книге вы найдете различные рецепты блюд для ужина: салаты, закуски, блюда из рыбы, морепродуктов, мяса, птицы, грибов и десерты.

А в сочетании с красиво сервированным столом ваш ужин вполне может стать праздничным.

У цій книзі ви знайдете різноманітні рецепти блюд для вечері: салати, закуски, страви з риби, морепродуктів, м'яса, птиці, грибів і десерти.

А разом із красиво сервірованим столом ваша вечеря цілком може стати святковою.

ББК 36.991